THÈSE

POUR LA LICENCE.

L'acte public sur les matières ci-après sera soutenu,

le vendredi 12 janvier 1855, à onze heures,

Par Bernard-Jules-Adrien GIBERT,

né au Fort-de-France (Martinique).

Président : M. VUATRIN, Professeur.

Suffragants :
MM. ROYER-COLLARD,
BRAVARD,
BONNIER, Professeurs.
RATAUD, Suppléant.

Le Candidat répondra en outre aux questions qui lui seront faites sur les autres matières de l'enseignement.

PARIS.

VINCHON, FILS ET SUCCESSEUR DE Mme Vᵉ BALLARD,

Imprimeur de la Faculté de Droit,

RUE J.-J. ROUSSEAU, 8.

1855.

129

A MON PÈRE, A MA MÈRE.

—

A MA SŒUR.

JUS ROMANUM.

DE COLLATIONE BONORUM.
(D., xxxvii. 6.)

DE DOTIS COLLATIONE.
(D., xxxvii, 7.)

SECTIO PRIMA.

De collationis origine.

Quod liberi quos in potestate habet pater, mancipio accipiunt vel ex traditione nanciscuntur, sive quid stipulentur, vel ex alia qualibet causa adquirant, id patri adquiritur; qui enim in potestate est, nihil ipse suum habere potest. Cum autem quæ filiusfamilias aut labore suo comparavisset, aut imo a quibuslibet accepisset, ea omnia, quasi hausta, in bona paterna, filio emancipato sua bona servante, transirent, hoc modo ejus damna lex Duodecim Tabularum rependebat. In-

testati patris hereditas primum ad hunc filiumfamilias perti-
bat. Cui usque eo auxilium tulerunt prudentes, ut modus fuerit
constitutus facultatis quæ erat patrifamilias secundum suam
voluntatem super pecunia legandi. Ut valeat testamentum,
curare debet pater ut liberos in potestate heredes instituat,
vel exheredes faciat, et etiam, qui a plerumque parens sine
causa liberos suos exheredat, inductum est ut de inofficioso
testamento agere possint liberi, querentes inique se exhere-
datos fuisse si nullo alio jure ad defuncti bona venire possunt;
et quartam partem hereditatis habere debent sive jure here-
ditario, sive jure legati vel fideicommissi, vel si mortis causa
eis quarta donata fuerit.

Emancipati autem liberi jure civili nihil obtinent. Sed hanc
juris iniquitatem emendavit prætor æquitate motus : nam
edicto eos omnes qui legitimo jure deficiuntur, vocat ad hereditatem, proinde ac si in potestate parentium mortis tempore
fuissent sive soli sint, sive etiam sui heredis concurrant. Si
pater testamentum facit, contra tabulas possessio datur; si ex-
heredati sunt, querela inofficiosi testamenti superest.

Emancipatos quamvis jure civili neque heredes instituere,
neque exheredare necesse sit, tamen prætor, si non insti-
tuantur heredes, exheredari jubet masculos omnes nomina-
tim, feminas vel inter cæteros; alioquin contra tabulas possessionem eis pollicetur.

Sed emancipatis liberis ex edicto prætoris datur bonorum
possessio, si parati sunt cavere fratribus suis qui in potestate
manserunt, bona quæ moriente patre, habuerint, se collaturos. Nam æquissimum putavit neque eos bonis paternis carere,
per hoc, quia non sunt in potestate, neque præcipua bona propria habere cum partem sint ablaturi suis heredibus : hæc est
origo collationis.

SECTIO SECUNDA.

In quibus casibus edicto prœtoris collatio jubetur.

Dum ea fuit filiifamilias conditio ut quidquid ad eum pervenisset, hoc suo parenti adquireret sine ulla distinctione, emancipatus omnia quæ sibi sunt in medium conferre jubetur; nam si patria in potestate fuisset retentus nihil proprium habuisset. Sed jure paterno a constitutionibus restricto, alia ratione collationem composuit prætor.

Dotem a patre aut ab alio constitutam filiæfamilias præcipuam, ut facilius nubere possint, habuerunt. Res quæ in dote erant proprium filiæ præbebant patrimonium et paterna in hereditate non computabantur, nisi ante parentis mortem a marito aut ab ejus heredibus restitutæ fuissent.

Aliorsum imperatores, ad arma alliciendi gratia, filiusfamilias res quæ acquisierant in castris, quocunque modo voluerunt adplicare, permiserunt.

Tale olim jus erat cum perpetuum edictum divus Hadrianus promulgavit. Qui edictum scribendo digessit, ab emancipatis, omnia sua bona, exceptis castrensibus peculiis, conferenda esse, si appetant paterna, Salvus Julianus tulit. Quod ad filiasfamilias attinet eodem edicto omnia sua bona, exceptis iis rebus quæ in dotem habebant, conferre coguntur. Videamus primum de collatione ab emancipatis debita; dein in quibus casibus dotis collatio debetur.

§ I. *De collatione ab emancipatis debita.*

Quam prætor ad bonorum possessionem *unde liberi* aut *contra tabulas* emancipatos admittat., participesque faciat cum his qui sunt in potestate, bonorum paternorum, consequens esse credidit, ne æquitas defraudetur, ut sua quoque bona in medium conferant.

Unde consequitur ut ad collationem compelli emancipatus non possit si hereditatem paternam respuerit. Item si emancipati utrique a patre fuistis, collatio cessat. Idem juris est et manifesti juris emancipatos liberos testamento heredes scriptos et ex eo successionem obtinentes, non autem a prætoris edicto, fratribus conferre non oportere, si pater, ut hoc faciat, supremis judiciis non cavit.

Postremo toties igitur collationi locus est quoties aliquo incommodo affectus est is qui in potestate est, interventu emancipati ; cæterum si non est, collatio cessabit.

Quum patrisfamilïas hereditas per stirpes dividitur et ex qualibet stirpe heredibus suis venientibus simul cum emancipato, iis heredibus suis collationem emancipatus debet.

Si vero omnes qui eumdem sanguinis auctorem invocant, id est, qui unam stirpem fingunt, emancipati sint, cæteris stirpibus sunt collaturi et merito quia veniendo ad bonorum possessionem, eamdem omnibus cæteris stirpibus faciunt injuriam.

Si his qui bona collaturus est, castrense peculium habeat, conferre non cogetur. Confertur vero etiamsi quid ejus non fuerit, dolo malo autem factum sit quominus esset ; sed hoc sic accipiendum est, ut hoc demum conferatur quod ejus esse desiit dolo malo. Cæterum si id egit, ne acquireret, non venit in collationem : nam hic et sibi insidiatus est.

Quæ pater filio emancipato studiorum causa peregre agenti subministravit si non credendi animo pater misisse fuerit comprobatus, sed pietate debita ductus, in rationem portionis, quæ ex defuncti bonis ad eumdem filium pertinebit computari æquitas non patitur.

Quod dignitatis nomine a patre datum est conferre non esse cogendum, hoc enim præcipuum esse oportet. Sed si adhuc debeatur, hoc sic interpretandum est, ut non solus oneretur is qui dignitatem meruit, sed commune sit omnium heredum onus hoc debitum. Nam haud sane fit locupletior.

Ea demum ab emancipatis fratribus his qui remanserunt in potestate conferri consueverunt quæ in bonis eorum fuerunt eo tempore quo pater fati munus implevit; exceptis iis videlicet quæ ab ipsis debentur, si, verbi gratia, pater moriens emancipatis quoddam legavisset.

Id quoque quod sub conditione ex stipulatu debetur ab emancipato conferri debet. Diversum est in legato conditionali.

Emancipatus filius, si injuriarum habet actionem, nihil conferre debet; magis enim vindictæ quam pecuniæ habet persecutionem, sed si furti habet actionem, conferre debebit.

Si emancipatus habeat filium peculium castrense habentem non cogetur utique peculium ejus conferre, quia res est aliena. Sed si jam tunc mortuus erat filius ejus, et castrense peculium habuit quum moritur, is cujus bonorum possessio petenda est, an conferre cogatur. Quum autem vindicari id patri non sit necesse, dici oportebit conferendum, non enim nunc acquiritur, sed non adimitur. Amplius dico, et si institutus fuerit a filio heres, necdum adierit, habeatque substitutum, quia non magis nunc quæritur peculium quam nunc non alienatur, conferri debere.

Quum dicimus necessarium esse emancipatum sua bona conferre, illud autem intelligendum est in bonis habere quod deducto ære alieno superest. Sed si sub conditione debeat, non statim id deducere debebit, sed id quoque conferre; contra autem ei cavere oportebit ab eo qui in potestate est, ut, existente conditione, defendatur pro ea parte quam contulit.

Si vero emancipato militi quod in castris fuerat adquisitum

præcipuum relinqui placuit, æs alienum non ex eo tantummodo patrimonio quod munus collationis pati debet, sed pro rata parte castrensis pecuniæ, decedere oportet.

Filius emancipatus nepotibus ex se natis solis conferre cogitur. Emancipatus filius siquidem nepotes in avi potestate non habeat, fratribus suis conferet, sed si sint nepotes, voluit eum prætor filiis suis qui sunt in potestate, solis conferre, quia veniendo ad bonorum possessionem, illis solis injuriam facit.

Portiones collationum ita erunt faciendæ, ut puta duo sunt filii in potestate, unus emancipatus habens trecenta, ducenta fratribus conferet, sibi centum; facit enim cum iis partem, quamvis is sit cui conferri non solet. Quod si duo sint filii emancipati habentes trecenta, et duo in potestate, æque dicendum est singulos singulis qui sunt in potestate centena conferre, centena retinere, sed ipsos invicem nihil conferre.

Dotis quoque collatio in eumdem modum fiet ut quicumque confert, etiam suam personam numeret in partibus faciendis.

Sed aliter erit in his duobus : si ex dodrante fuit institutus filius qui erat in potestate, extraneus ex quadrante, emancipatum accipientem contra tabulas pro quadrante tantnm sua bona collaturum Julianus ait, quia solum quadrantem fratri abstulit.

Cum nonnulli emancipati ad hereditatem veniunt, bona a defuncto relicta inter omnes liberos dividuntur, bona emancipatorum in medium conferuntur, ita ut emancipatis quoque collatio ab ipsis facta non prosit, quia invicem non conferunt; nec indignari eos oportere si plus conferant et minus accipiant, quia in potestate eorum fuerit bonorum possessionem omittere.

Idem juris esse constat erga liberos media vel etiam maxima capite minutos si ante parentis mortem restituti fuerint et erga liberos nondum natos, sed ante patris emancipationem conceptos et ab avo in potestate retentos, aut si post emancipationem concepti, in adoptionem avo a patre emancipato dati fuissent. Sed ab edicto tantum vocabantur ad patris hereditatem si parati essent collatione fungi. Cum vero alieni juris essent, nihil proprium habebant; avus autem sub potestate cujus erant, veniebat ad successionem eorum nomine, ita ut avus iste ad collationem compellatur, nisi nullum ex his bonis fructum acquirere vult, paratusque est de potestate nepotes dimittere, ut ad emancipatos omne emolumentum bonorum possessionis perveniat.

§ 2. — *De dotis collatione.*

Illis regulis submittebantur bona parapherna filiarum minutarum capite. Quod attinet dotalia collationem non effugiebant cum, matrimonio dissoluto, in manus uxoris reversura essent. Si in stipulatum deducta sit dos, si quidem ipsa mulier stipulata sit vel ipsi negotium gestum, æque conferre cogetur; si vero alii quæsita sit stipulatio, dicendum est cessare collationem, et si tantum promissa sit dos, collatio ejus fiet.

Regulæ collationis dotis collationi compositæ duobus modis diversæ sunt.

Equidem dotem conferre cogitur filia non solum contra tabulas aut unde liberi possessionem petens, sed etiam veniens heres sua ad hereditatem patri intestati. Nec dubium est profectitiam seu adventitiam dotem a patre datam vel constitutam, fratribus qui in potestate fuerunt conferendam esse. His etenim qui in familia defuncti non sunt, profectitiam tantummodo dotem post varias prudentium opiniones placuit.

Illis duobus discriminibus habitis easdem regulas quibus subjicitur collatio bonorum emancipati dotis collatio sequitur, ita ut filia se ab hereditate patris abstinens compelli conferre non possit : ergo dos non tantum data apud maritum remanebit,

129

sed et promissa exigetur etiam a fratribus; et est æris alieni loco, abscessit enim a bonis patris. Ad collationem dotis urgeri non potest si jure legati aut fideicommissi a patre aliquid acceperit. Si filia fuerit heres instituta, collatione dotis non fungetur; unde si commisso ab altero edicto necesse habuerit contra tabulas bonorum possessionem accipere dicendum est, quoniam nullam injuriam fratri facit, non debere eam dotem conferre, nam quod habuit ex judicio convertitur ad contra tabulas bonorum possessionem. Plane si ex minore parte fuit heres instituta, et alia quædam in eam contulit contra tabulas bonorum possessio, aucta portione ejus, dicendum erit, collationis munere eam fungi, nisi forte contenta fuerit portione, ex qua instituta est; tunc enim dicendum est ex judicio parentis eam venientem, non debere munus collationis sustinere.

Ita adhuc ad dotis collationem non potest filia compelli, nisi fratribus eodem jure quam ipsa ad hereditatem venientibus, et quorum partes minores efficiuntur interventu ipsæ.

SECTIO TERTIA.

Quibus modis efficitur collatio.

Re aut cautione collatio facienda est. Si vero ei qui collationem debet, sint nummi in fenore longinquo positi aut navis in longinqua navigans cum parens moritur, nulla interposita mora non potest conferre. Tum jubet prætor ita fieri collationem, ut recte caveatur; caveri autem per satisdationem oportere et reis et pignoribus recte caveri de collatione, quamvis prætoriæ satisdationes desiderent personas.

Stipulatio autem collationis tunc committitur quum interpellatus cum aliquo spatio quo conferre potuit, non facit,

maxime quum boni viri arbitratu collationem fieri edicto prætoris insertum est. Sive ergo in totum collatio facta non est,
sive in partem facta, locum habebit hæc stipulatio. Et sive quis
non conferat ex hac stipulatione, sive dolo fecerit, quominus
conferat, quanti ea res erit, in tantum pecuniam condemnabitur.

Sed etsi tantum forte in bonis paternis emancipatus remittat,
quantum ex collatione suus habere debet, dicendum est, emancipatum satis contulisse videri. Idem et si nomen debitoris
delegaverit, vel fundum, remve aliam dederit pro portione bonorum quæ conferre debuit.

Cæterum pura erat facultas collatio quæ solvebatur minus
auferendo ex bonis paternis, ita ut quæ sine dolo et culpa pe-
rierint ad collationis onus non pertinerent, nam viri boni arbitratu conferri bona jubentur; vir autem bonus non est arbitra-
turus conferendum id quod nec habet, nec dolo, nec culpa desiit
habere.

Antequam bonorum possessionem petant emancipati, de
conferendo cavere cum satisdatione debent. Quod si satisdare
non possunt, statim ex fide bonorum confusionem, excepto pe-
culio castrensi, facere cogendi sunt. Quod non erat ferendum
in omni causa : itaque si per inopiam emancipatus cavere non
possit, non statim ab eo transferenda est possessio, sed susti-
nendum donec possit invenire fidejussores, ut tamen de his quæ
mora deteriora futura sunt, his qui in potestate sunt, actio
detur ipsique caveant in medium collaturos, si cautum iis fuerit.

Prætor non sub conditione collationis bonorum possessionem
contra tabulas promittit, sed demonstrat, quid, data bonorum
possessione, fieri oportet. Alioquin magna captio erit emancipati, si non aliter bonorum possessionem accipere intelligere-
tur. nisi cavisset de collatione ; nam si interim ipse decessisset,
heredi suo nihil relinqueret; item si frater ejus decessisset, non
admitteretur ad bonorum possessionem. Intelligendum est, bo-

norum possessionem accipere et antequam caveat; sed si non caverit, ita observabitur ut tota hereditas apud eum qui in potestate fuerit, remaneat.

Si frater emancipatus cavere non possit, curator portionis ejus constituitur, apud quem refecta pecunia collocetur, ut tunc demum recipiat quod redactum est, quum bona propria contulerit. Quod si per contumaciam actiones denegandæ sint, oblata postea cautione recipit pristinum jus.

POSITIONES.

I. Quod sub conditione ex stipulatu debetur, ab emancipato conferri debet. Diversum est in legato conditionali.

II. Si emancipato legatum fuerit *quum pater morietur*, an hoc conferre debeat? — Distinguendum est.

III. Lex 6, D., *de collatione bonorum*, et lex 79, lib. 23, t. 3, conciliari possunt.

IV. An conferre debeat emancipatus dotem quam filiæ suo nomine dedit, soluto morte filiæ matrimonio?—Conferre debet.

V. An item si emancipatæ matrimonium divortio solvitur?—Minime.

DROIT FRANÇAIS.

DES RAPPORTS.
(Code Nap., art. 843-869.)

DE LA RÉDUCTION DES DONATIONS ET LEGS.
(Art. 920-930.)

CHAPITRE PREMIER

DES RAPPORTS.

Considérations générales.

Admis à l'hérédité paternelle par le préteur, *juris civilis corrigendi gratia*, les enfants émancipés partageaient avec les enfants en puissance. Mais laisser à ceux-là les biens qu'ils avaient acquis depuis leur émancipation, en les faisant participer aux acquisitions de leurs frères, c'eût été une injustice; il ne fallait point corriger une iniquité pour tomber dans une autre. Aussi, la *collatio bonorum* fut-elle introduite pour compenser, à l'égard des héritiers siens, le préjudice que venait leur causer l'admission des émancipés à l'hérédité paternelle.

Cette *collatio* n'était fondée ni sur le désir d'établir l'égalité entre frères, ni sur la volonté présumée du défunt. En effet, les émancipés étaient-ils institués héritiers avec les enfants en puissance, le préteur n'avait pas cru devoir remédier à un mal qui ne découlait pas des dispositions de son édit. On vit pendant longtemps une dispense tacite de rapport dans l'institution, un préciput en quelque sorte dans le silence du père, jusqu'au moment où Justinien, par la Novelle 18, donna à ce silence une interprétation tout autre. Le législateur vise à l'égalité : il permet de la rompre, mais à la condition d'une manifestation expresse de la volonté ou d'une présomption si évidente qu'elle équivalut à une certitude. L'idée du partage égalitaire, due aux efforts des prudents, admise par la doctrine des préteurs, se consolida définitivement sous l'influence du christianisme. Pendant que le droit romain est invoqué dans la Gaule méridionale, les barbares qui se répandent au nord demeurent fidèles aux coutumes et aux lois de la Germanie. Ce n'est pas à l'un quelconque de ces peuples envahisseurs que nous irons demander un régime de succession avec l'égalité pour base et le rapport pour conséquence. Cependant, chez les hommes grossiers et belliqueux, la colère est prompte ; l'ordre public est intéressé à ne pas réveiller leurs instincts par la jalousie qu'inspire un partage inégal. Aussi, ne faut-il pas s'étonner de voir plusieurs coutumes emprunter bientôt au droit romain l'idée du rapport, et même quelques-unes, afin de faire disparaître plus sûrement tout levain de discorde dans les familles, donner à ce principe une extension inconnue partout ailleurs. Les coutumes de Paris et d'Orléans viennent de déclarer incompatibles les deux qualités de légataire et d'héritier,

Les différentes provinces qui se partageaient la France, suivaient, en cette matière, les règles les plus opposées. On peut les ranger sous quatre catégories :

1° Les coutumes dites d'égalité qui obligeaient l'héritier à rapporter, même au cas de renonciation ;

2° Les coutumes dites de préciput, qui permettaient au père et à la mère de donner entre vifs à leurs enfants, en les dispensant du rapport ;

3° Les coutumes qui supposaient toujours cette dispense ;

4° Les coutumes de Paris et d'Orléans, qui contraignaient au rapport les héritiers donataires ou légataires, accordant toutefois au successible qui renonce, la faculté de garder sa donation ou de réclamer son legs.

La révolution intervint au milieu de ce chaos, et bientôt la Convention Nationale régla le droit successoral d'une manière uniforme pour toute l'étendue du territoire français, par les lois des 5 brumaire et 17 nivôse an II. Ces deux lois révolutionnaires recueillirent avidement le principe des coutumes d'égalité. Conçues dans le but d'un nivellement général, elles activèrent le morcellement de la propriété en diminuant considérablement la faculté de disposer de ses biens, et en défendant en outre de gratifier l'héritier de ce disponible. Le principe inviolable de la non-rétroactivité des lois fut méconnu. Mais les dispositions rétroactives de ces lois tombèrent le 9 thermidor an III, et bientôt tout le système fut détruit. Le chiffre de la quotité disponible fut élevé par la loi du 4 germinal an VIII, qui le fit varier suivant le nombre et la qualité des héritiers. Elle permit au testateur de gratifier par préciput ses enfants ou autres successibles de la quotité des biens dont il pouvait disposer au profit d'un étranger. Telle fut la législation en vigueur en cette matière jusqu'à la promulgation du Code qui nous régit aujourd'hui. Ces règles ont passé dans le Code Napoléon. L'article 843 de ce Code renferme les éléments de la loi tout entière.

Nous allons, pour plus de méthode, diviser cette matière en sections, dans lesquelles nous essayerons d'examiner ou d'expliquer :

1° Le principe fondamental, le but et la définition du rapport;

2° Quand le rapport est-il dû ou non?

3° Par qui est dû le rapport?

4° A qui est dû le rapport?

5° Comment s'effectue le rapport, et quels sont ses effets?

Nous traiterons ensuite de la réduction des donations et des legs, en tâchant de compléter le tout par un parallèle entre le rapport et la réduction.

SECTION Ire.

Principe fondamental, but et définition du rapport.

Le principe fondamental du rapport est fondé sur l'intention présumée du défunt, sauf la preuve contraire résultant d'une dispense formelle. Prêtant au *de cujus* une affection égale pour tous ses cohéritiers, le législateur distribue ses biens entre eux sans aucune préférence; il vise à une égalité qui est pour les rédacteurs du Code Napoléon un but non pas nécessaire, mais conforme à l'équité.

Opération préparatoire du partage, le rapport est la remise réelle ou fictive dans la succession des biens qui en étaient sortis par suite des libéralités du *de cujus;* les biens légués se trouvant encore dans la succession, il n'y a pas à les rapporter, on les y laisse.

On peut se demander alors quelle est l'utilité d'un legs en faveur d'un successible. En droit romain, la clause de préciput était attachée, *ipso jure* à une telle disposition. Ce principe était rationnel. Pourquoi n'a-t-il pas été admis chez nous par ce même législateur, qui, moins d'un an après, édictera dans l'art. 1157 le principe suivant : *lorsqu'une clause est susceptible de deux sens, on doit plutôt l'entendre dans celui avec lequel elle peut avoir quelqu'effet que dans le sens avec lequel elle n'en pourrait produire aucun.* Si pour faire produire un sens à cette disposition, vous êtes obligé de dire au successible légataire : choisissez entre le legs et votre part dans la succession en qualité d'héritier, c'est mettre ce légataire dans une situation ridicule, c'est aller contre la volonté du défunt. Qui soutiendra, en effet, qu'un homme riche, s'il lègue son portrait à son fils aîné, qui occupe la première place dans son affection, ait entendu soumettre ce fils à l'alternative bizarre d'une option entre une toile, fût-elle d'un grand maître, et sa part comme héritier dans une fortune considérable. Aussi, la plupart des auteurs pensent-ils avec raison, selon nous, qu'en outre du profit que peut retirer le légataire successible en répudiant, il y a pour lui la faculté de prélever l'objet légué en le précomptant sur sa part s'il accepte. On le voit, il faut recourir à des détours, à des subtilités juridiques pour interpréter la volonté du testateur et lui donner un sens.

La théorie du Code pourrait tout au plus se défendre, si au moment où le legs a été fait, le légataire n'était point successible. Quelle est donc la cause d'une telle contradiction dans la loi ? Mélange de droit romain et de droit coutumier, notre Code a été fait souvent dans un esprit de transaction. Les rédacteurs élaboraient leur œuvre dans un pays dont les coutumes déclaraient incompatibles les qualités de légataire et d'héritier pour des motifs que Pothier fait connaître et que tout le monde sait. Ils permirent bien à un testateur de disposer de sa quotité disponible au profit d'un successible comme en faveur d'un étranger; mais, novateurs peu hardis, ils se firent préteurs romains un moment et tempérèrent l'effet de leur innovation, en exigeant que la disposition ainsi faite, pour être utile au successible, fût adoucie et protégée par une clause de préciput.

A part cette critique, la théorie du Code pour les donations entre vifs est rationnelle. Le défunt a consenti à se priver pour un des siens, d'une partie de ses revenus, pour l'initier à une administration, à une gestion d'affaires qu'il pourra corriger par son expérience. Le plus souvent aussi la libéralité sera déterminée en vue d'un établissement. Dans tous ces cas, la libéralité n'est qu'une simple avance sur la succession, et si le donateur veut rompre l'égalité entre ces cohéritiers, on comprend alors qu'il y ait nécessité pour lui d'exprimer clairement sa volonté à cet égard.

SECTION II°.

Quand le rapport est-il dû ou non ?

Le rapport est dû toutes les fois qu'un héritier a reçu du *de cujus* une donation directe, une donation indirecte ou un legs, sans clause de préciput.

La donation directe est celle qui a lieu avec les solennités requises, et sans interposition de personnes. Toute libéralité entre vifs qui ne réunit point ce double caractère est une donation indirecte. *Innumerabilia sunt facta.* De là impossibilité pour le jurisconsulte d'énumérer tous les moyens indirects que l'esprit humain peut inventer pour déguiser une donation. On peut cependant signaler ceux qui suivent :

1° La donation qui a lieu de la main à la main, ou don manuel ;

2° La donation déguisée sous la forme d'un contrat à titre onéreux ;

3° L'avantage que le successible a retiré du *de cujus* qui s'est porté sa caution ou qui a payé ses dettes ;

4° La donation faite à une personne chargée de remettre la chose donnée à l'héritier du donateur ;

5° La renonciation par le *de cujus* à une succession à laquelle l'héritier est appelé à son défaut.

Pour ce dernier cas, il est nécessaire, comme nous allons le voir tout à l'heure, de faire une distinction.

Il est bien vrai qu'en droit romain, ni les héritiers ni les créanciers ne pouvaient critiquer les actes par lesquels le défunt avait manqué de s'enrichir : le mari qui renonçait à une succession (loi 5, § 13 *de donat. int. vir. et ux.*) en faveur de sa femme, n'était pas considéré comme faisant une donation prohibée ; le préteur refusait l'action Paulienne aux créanciers de celui qui avait renoncé à une succession ; car, si un débiteur doit respecter le gage de ses créanciers, il n'est pas tenu de l'augmenter, et manquer de s'enrichir n'est point s'appauvrir.

Mais le Code Nap. n'a pas admis ces principes. Les art. 788 et 1464 donnent aux créanciers le droit d'attaquer les renonciations faites en fraude de leurs droits. En renonçant à une succession, le *de cujus* semble avoir aliéné une partie de ses biens au profit de celui qui est appelé immédiatement à sa suite ; et dans ce cas, ce dernier, devenant le successible du *de cujus*, devra le rapport, sans que nous posions comme règle générale que le rapport sera toujours dû. Je pense en effet qu'il faut distinguer si le *de cujus* a renoncé dans l'intention d'avantager son successible, ou bien d'éviter un dommage *ne damnum sentiret.* Dans ce dernier cas, point de rapport.

Après avoir posé en principe que le successible doit le rapport de tout ce qu'il a reçu du défunt, à moins qu'il n'y ait une clause de préciput, complétons la règle en indiquant les exceptions. Elles peuvent se résumer en trois mots : exemption du rapport, toutes les fois qu'il y aura eu préciput ou *exprès*, ou *tacite*, ou *présumé*.

§ 1er. *Préciput exprès.* — Le Code autorise les dons et legs par préciput, hors part ou avec dispense de rapport, trois formes différentes pour exprimer la même idée, ce qui est inutile : il suffit que la volonté du disposant soit clairement exposée; il n'y a pas, dans notre droit français, comme cela avait lieu à Rome, de paroles sacramentelles; nous ne sommes pas formalistes. On peut même dispenser du rapport après coup, sans oublier que cette dispense est une nouvelle libéralité qui doit être soumise aux règles des donations entre-vifs ou testamentaires, art. 919.

§ 2. *Préciput tacite.* — Si le donateur n'a pas exprimé l'intention qu'il avait de dispenser du rapport, la nature de l'opération qu'il a faite semble ne pas laisser de doute sur sa volonté à cet égard. Ainsi un successible a-t-il acquis du *de cujus* un immeuble à fonds perdu à charge de rente viagère ou avec réserve d'usufruit, cette aliénation, qui a l'apparence et peut-être aussi la réalité d'un acte à titre onéreux, est réputée par la loi un acte à titre gratuit; et dans ce cas, ce prétendu détour est équivalent à une dispense de rapport.

Doit-on tirer de là la règle générale, que tout donation déguisée sous la forme d'un acte à titre onéreux ou par interposition de personnes est par cela même dispensé du rapport. En un mot l'art. 918 n'est-il qu'une exception qu'il ne faut pas étendre ?

Les systèmes sont ici en présence. Nous avons émis sous forme de position l'opinion qui nous semble le plus conforme aux textes et à l'esprit de la loi.

§ 3. *Préciput présumé.* — Sont encore exemptes du rapport les donations qui, sans entamer le capital, se soldent avec les revenus : le législateur ne voit pas dans les libéralités de ce genre une présuccession, un avancement d'hoirie ; il sait que la masse des biens laisssés par le *de cujus* ne sera pas amoindrie : probablement le donateur eût dissipé autrement sa fortune *lautius vixisset*. Cette présomption ne paraît pas trop hasardée : car autrement pourquoi n'irait-on pas jusqu'à dire qu'un donataire doit rapporter aussi tous les fruits qu'il a perçus. Les donations ou avancements d'hoirie seraient alors inutiles, quand elles ne seraient pas dangereuses. Pour savoir quels fruits deviennent la propriété du donataire et dans quelle limite, il faut consulter les art. 583 et suivants. On distingue les fruits naturels ou industriels qui s'acquièrent par la perception, des fruits civils qui, eux au contraire, ne seront acquis qu'eu égard au temps qui a couru depuis la donation jusqu'au moment de l'ouverture de la succession.

SECTION III.

Par qui est dû le rapport.

Tout héritier *ab intestat,* donataire ou légataire, sans clause de préciput, doit le rapport à son cohéritier. Il n'y a pas à distinguer si l'héritier est pur et simple ou bénéficiaire, ce qui explique pourquoi l'art. 461 ne permet pas au tuteur d'accepter, même sous bénéfice d'inventaire, les successions échues au mineur, l'autorisation du conseil de famille est indispensable.

Le Code ne fait aussi aucune différence entre les descendants, ascendants et collatéraux.

On applique la même règle à l'héritier présomptif lors de la donation et à celui qui semblait ne devoir pas être appelé à la succession du *de cujus*. On ne saurait dire cependant, pour justifier le rapport dans ce dernier cas, que le donateur a voulu seulement procurer au donataire une jouissance anticipée de ce qu'il recueillerait un jour dans sa succession. Que la loi présume cette intention chez le donateur quand il s'agit d'un héritier présomptif et qu'elle soumette celui-ci au rapport, rien de plus juste. Mais, dit-on, peut-être le *de cujus* se serait-il abstenu de faire des libéralités à tel donataire s'il avait cru qu'il dût être son héritier, et dans le doute, la loi exige un partage égal. Si par là, la volonté du défunt ne se trouvait pas accomplie, c'est qu'il est en faute; il devait prévoir que tel aujourd'hui éloigné de sa succession pouvait y arriver un jour : *jura vigilantibus succurunt.*

Mais si l'héritier, quel qu'il soit, est tenu de rapporter les libéralités qui lui ont été personnellement adressées, il ne doit aucun compte à ses cohéritiers du profit qu'il a pu retirer par contre coup des dispositions faites par le défunt à une autre personne. Ainsi, un époux, par suite du régime sous lequel il est marié, tire un bénéfice d'une donation faite à son conjoint, il ne devra rien rapporter; il acquiert en vertu d'un contrat à titre onéreux et aléatoire, il n'y a pas entre le défunt et lui héritier, relation de donateur à donataire. En revanche, l'héritier donataire rapportera la totalité de la donation, sans déduire la part qui est venue enrichir son conjoint, art. 849.

En vertu du même principe, le successible ne rapportera point les libéralités faites à son conjoint ou à son enfant, alors même qu'ayant eu le malheur de perdre celui-ci, il recueille dans sa succession les biens qui lui avaient été donnés, article 847. De même, le petit-fils appelé à la succession de son aïeul ne rapporte point les dons faits à son père et recueillis par lui comme héritier de ce dernier.

L'obligation du rapport n'est imposée qu'à ceux qui sont appelés par la loi. Aussi, celui qui, sans prétendre au titre d'héritier, se présente au partage uniquement à l'effet d'obtenir la délivrance de ce qui lui a été donné ou légué, n'est-il nullement soumis à cette obligation pour les libéralités dont il a pu être gratifié antérieurement au décès du *de cujus*.

Mais appliquerons-nous cette règle aux enfants naturels, au conjoint et à l'État, qui eux ne sont point héritiers. Le rapport supposant un concours entre deux successibles au moins, la question n'a aucun intérêt pour l'État ni pour le conjoint, puisqu'en général ils viennent seuls. Il en est différemment pour l'enfant naturel, car s'il n'est pas héritier, il est *loco heredis*, mais pour lui, selon nous, le rapport se fera toujours en moins prenant.

SECTION IV.

A qui est dû le rapport ?

Le rapport ne se fait qu'à la succession du donateur.

Telle est la règle posée art. 850.

Le rapport a pour but d'établir l'égalité entre les cohéritiers du donateur : ce n'est donc qu'à la succession de ce dernier qu'il doit se faire. On ne doit pas rapporter les biens à une succession dont ils ne sont point sortis.

Ainsi, un petit-fils reçoit un immeuble de son aïeul : ce dernier meurt, et sa fille, mère du donataire, lui succède. Le fils ne sera point obligé de rapporter à la succession de sa mère l'immeuble qu'il a reçu de son aïeul, parce qu'il est sorti de la succession de ce dernier et non de celle de sa mère, bien que, dans ce cas, les autres enfants puissent dire avec quelque raison que la libéralité dont profite leur frère leur cause le même préjudice que si c'était leur mère elle-même qui eût fait la donation, puisque si les biens qu'elle comprend n'eussent pas été aliénés par elle, la succession maternelle se trouverait enrichie d'autant.

Ajoutons que cet art. 850 est une dérogation à l'ancien droit.

SECTION V.

Comment s'effectue le rapport et quels sont ses effets?

Le successible peut être donataire, légataire et débiteur de la succession.

Il faut donc distinguer : 1° le rapport des biens donnés; 2° la *maintenue* des objets légués; 3° le payement des dettes, appelé improprement rapport.

§ 1er. *Rapport des biens donnés.* — En principe, quand quelqu'un est propriétaire sous condition résolutoire, il y a un créancier sous condition suspensive. La condition vient-elle à s'accomplir, le créancier devient propriétaire, et tous les droits consentis par le propriétaire sous condition résolutoire s'évanouissent : *Resoluto jure dantis, resolvitur jus et accipientis*

En cette matière il en est autrement. Si la condition vient à défaillir, le donataire deviendra bien propriétaire incommutable. La dérogation au principe n'est pas là. Mais si la condition s'accomplit, c'est alors que nous trouvons une exception à la règle générale. Il y aura des effets produits vis-à-vis des tiers, des héritiers, des créanciers et des légataires.

1° *Effets quant aux tiers.*

Nous trouvons ici comme règle générale une dérogation au principe général formulé dans l'art. 2125, et comme exception à notre règle une application du principe général du même article 2125. En effet, les héritiers qui obtiennent le rapport sont obligés de respecter les aliénations totales provenant du chef du donataire, tandis que les aliénations partielles, droits réels ou personnels, s'évanouissent.

Les démembrements de la propriété, les constitutions d'hypothèques, ne sont pas vus d'un œil très-favorable par le législateur. Son respect pour l'aliénation totale, pour la circulation des biens, s'explique aisément. Il est fondé sur cette triple considération : l'intérêt du donataire et de l'acheteur, l'intérêt de l'agriculture et du commerce, celui du fisc et de la prospérité publique. Peut-être aurait-on dû décider de même pour les hypothèques, ce ressort si puissant du crédit public; mais la difficulté de déterminer ce que vaut en moins l'immeuble hypothéqué que l'on rapporte, n'est pas étrangère sans doute à la rédaction du Code.

SOLUTION.

Quant aux charges de l'art. 865, c'est-à-dire servitudes réelles ou personnelles créées par le donataire, nous déciderons qu'elles ne seront pas plus respectées que les hypothèques, et par les mêmes motifs à peu près. Les rédacteurs sont partis de cette idée : dans certains cas, la succession ne pourra point recouvrer l'immeuble en nature ; mais aussi quand elle viendra à le recouvrer, elle l'obtiendra franc et quitte, sans tache en quelque sorte.

La propriété du donataire a beau se trouver résolue, si, par l'effet du partage, l'immeuble retourne en ses mains, les droits par lui consentis au profit des tiers, de chancelants qu'ils étaient sont devenus certains. Aussi les créanciers ont-ils le droit d'intervenir, non pour empêcher le rapport, mais pour s'opposer à ce qu'il soit fait en fraude de leurs droits.

II. — *Effets quant aux héritiers.*

Pour bien connaître les effets du rapport à l'égard des héritiers, nous allons d'abord examiner les formes du rapport et déterminer ensuite à quelle époque il faut se placer pour estimer la valeur de l'immeuble soumis au rapport.

1° *Formes du rapport.*

Le rapport peut avoir lieu de deux manières. On n'a point égard à la qualité du successible ; on considère seulement l'objet de la donation. Les immeubles se rapportent en nature, les meubles en moins prenant. Cette différence tient à la nature même des choses, et à l'importance accordée autrefois aux immeubles sur les meubles.

L'art. 859 consacre deux exceptions pour les immeubles : la première est justifiée par la possession et par l'intérêt d'affection : d'ailleurs l'égalité ne sera pas rompue pour cela ; la seconde est fondée sur la faveur que mérite la prospérité publique, l'intérêt général, et afin d'éviter un recours en garantie de l'acquéreur évincé contre le donataire aliénateur.

Le rapport des meubles se fait toujours en moins prenant (art. 868, 869), eu égard à leur valeur au moment de la donation, d'après l'état estimatif annexé à l'acte.

2° *Époque de l'estimation.*

Lorsque l'immeuble n'a pas été aliéné et que le rapport a lieu en nature, le successible donataire devient, à l'ouverture de la succession, débiteur d'un corps certain sous la condition de son acceptation. C'est au moment du partage que le payement s'effectue. Les cas fortuits sont pour la succession ; le donataire peut invoquer les art. 1245, 1302, *debitor rei certæ, interitu ejus liberatur.*

Le rapport se fait-il en moins prenant, la règle est la même.

Il faut observer, toutefois, que le donataire, en prélevant l'immeuble, devra l'estimer au moment du partage afin qu'il y ait égalité dans les lots.

Si le donataire a aliéné l'immeuble, le rapport sera dû de la valeur de l'immeuble au jour du décès du *de cujus*. Le Code, contrairement à l'ancien droit, a vu là une dette de corps certain que l'aliénation avait convertie, au jour de l'ouverture de la succession, en une dette d'argent désormais invariable ; de là plusieurs conséquences qu'il serait trop long d'énumérer.

Si l'immeuble a été exproprié ou incendié, le donataire ne doit rapporter que l'indemnité qu'il a reçue. On ne peut pas dire ici qu'il a aliéné.

La succession et le donataire héritier doivent se tenir compte des impenses et des détériorations provenant du chef du successible ou du tiers acquéreur. Il y a à distinguer, outre les dépenses d'entretien, trois sortes d'impenses : les impenses nécessaires, utiles ou voluptuaires.

Les dépenses d'entretien sont supportées par le donataire, sans récompense. Le père de famille soigneux et diligent, solde avec les revenus cette espèce de dépenses.

Les impenses nécessaires étant celles sans lesquelles l'immeuble eût péri, la succession devra rembourser intégralement le donataire, quand bien même l'immeuble n'existerait plus, s'il n'y a rien à reprocher au donataire, tenu seulement de la faute *in concreto*.

Les impenses utiles n'étant pas indispensables, on ne saurait dire que le donataire a fait, dans ce cas, ce que le donateur n'eût pas manqué de faire lui-même. Si elles ont augmenté le fonds, comme personne ne doit s'enrichir aux dépens d'autrui, les cohéritiers devront rembourser au donataire, non pas la plus-value ajoutée par lui à l'immeuble, si elle excède la dépense, mais seulement ce qu'il a déboursé, jusqu'à concurrence de la plus-value. Mais à quel moment faut-il se placer pour fixer le chiffre de cette plus–value? L'art. 861 dit : *dans tous les cas,* c'est-à-dire que le rapport ait lieu en nature ou en moins prenant. Cependant, il y aura au moins une exception à faire à la règle : c'est pour le cas d'un rapport en moins prenant par suite d'une aliénation, afin que l'égalité ne soit pas blessée. Ce cas excepté, nous sommes d'avis que la généralité des termes de l'art. 861 *in fine* doit être corrigée par l'art. 860.

Faites en vue d'un pur agrément, les dépenses voluptuaires ne donnent droit à aucune indemnité. Ce qui aura été placé par le donataire peut être enlevé par lui, pourvu que ce soit *sine rei detrimento*.

Le donataire doit tenir compte à la succession des dégradations ou détériorations provenant de son fait, de sa négligence ou de sa faute, bien que celui qui a négligé une chose comme étant la sienne, paraisse exempt de faute (1631). Mais le successible ne devait pas oublier que son droit n'était que conditionnel.

Si l'immeuble a été aliéné par le donataire, les améliorations ou dégradations faites par l'acquéreur doivent être imputées conformément aux règles posées ci-dessus, art. 864.

Pour assurer au donataire le payement de sa créance contre la succession, l'art. 867 lui donne en gage l'immeuble qu'il doit rapporter; c'est ce qu'on appelle le *droit de rétention*, droit fondé sur cette considération, que dans tout contrat synallagmatique une partie ne peut pas justement être contrainte à exécuter son obligation, si l'autre partie n'est pas de son côté également prête à accomplir la sienne : *in pari causa melior est causa possidentis*.

Pour le rapport des meubles, il faut distinguer les meubles proprement dits, l'argent et les meubles incorporels.

Le rapport des meubles corporels est dû de la valeur qu'ils avaient au moment de la donation. Dès ce moment la succession est créancière d'une somme d'argent sous la condition de l'acceptation du donataire. Il suit que la perte de l'objet donné ne dispense point du rapport. Le chiffre de cette créance est déterminé par l'état estimatif annexé à l'acte; et, à défaut de cet état qui peut être perdu ou n'avoir jamais existé, s'il s'agit d'un don manuel, la valeur des meubles sera déterminée par experts, à juste prix et sans crue.

S'il y a donation d'une somme d'argent, l'objet de la donation, ce ne sont pas les écus, mais la somme qui fait connaître la valeur de la donation. Il y a une différence dans la manière d'acquitter cette créance et celle qui résulte d'une donation de meubles meublants, art. 865 et 869. Pour les meubles incorporels faut-il les assimiler aux meubles corporels ou aux immeubles. Je présume fort que malgré leur importance, ils ont échappé à l'observation du législateur. Nous croyons pouvoir soutenir cependant que le rapport devra s'effectuer en moins prenant.

III. *Effets quant aux créanciers.*

L'art. 857 contient une théorie analogue à celle de l'art. 921; ces deux articles sont fondés sur les mêmes principes. Les créanciers antérieurs ou postérieurs à la donation ne pourront jamais demander le rapport; ni en profiter, à moins que par une acceptation pure et simple, l'héritier ne se constitue leur débiteur personnel.

IV. *Effets quant aux légataires.*

Les légataires ne pourront se payer qu'avec les biens existants dans la masse au décès du *de cujus*, déduction faite des dettes. Ils n'ont aucun droit sur les libéralités entre vifs. Les donataires leur sont préférables; *prior tempore, potior jure.* Mais le droit des légataires s'élèvera selon que la quotité disponible offrira un chiffre plus ou moins fort. Après de longues controverses, la Cour de cassation a décidé que les biens donnés entreraient fictivement dans la masse pour déterminer le chiffre de la quotité disponible.

§ 2. *Rapport des legs,* c'est-à-dire *maintenue des legs.* — Le rapport des legs consiste à ne pas prélever l'objet légué. Nous avons déjà traité incidemment la question.

§ 3. *Rapport* ou mieux *payement des dettes.* — C'est improprement qu'on appelle rapport le payement d'une dette. Quand on est débiteur du *de cujus,* il y a confusion pour le tout, si on est seul héritier, c'est-à-dire impossibilité de payement : *potius eximit personam ab obligatione quam extinguit obligationem.* Mais y a-t-il un autre héritier en concours avec lui, la confusion ne sera que partielle ; il y aura donc à payer une fraction de la dette.

Si le *de cujus* avait payé une dette de l'héritier, il faut distinguer s'il a entendu payer avec une subrogation comme *negotiorum gestor,* ou bien s'il a payé *animo donandi.* Dans ces deux hypothèses le rapport n'en est pas moins toujours dû. La différence ne surgit que s'il y avait répudiation de la part du successible. Alors il ne doit pas payer la dette acquittée par le défunt en son nom *animo donandi,* à moins qu'elle ne soit atteinte par la réduction.

CHAPITRE II.

DE LA RÉDUCTION DES DONATIONS ET LEGS.

SECTION 1re.

Définition et but de la réduction. Quand s'ouvre l'action en réduction ?

La réduction n'est que la sanction de la réserve ; et la réserve une portion des biens du *de cujus* que la loi assure à certains héritiers, et que le défunt ne peut leur enlever ni par des legs ni par des donations entre vifs.

Les actes à titre onéreux sont respectés; le défunt peut amoindrir sa fortune, se ruiner même, les héritiers réservataires, tout favorables qu'ils sont aux yeux de la loi, ne sont pas admis à critiquer les actes à titre onéreux faits sérieusement.

La loi n'a pas voulu ôter à un homme, eût-il des descendants ou des ascendants, la faculté de se montrer généreux envers un ami, ou reconnaissant d'un bienfait. En dépit de sa haine pour les libéralités entre vifs surtout, la loi autorise des donations et des legs, mais dans une certaine limite seulement, dont l'étendue varie suivant le nombre et la qualité des héritiers réservataires. Cette fraction de biens dont vous pouvez librement disposer selon votre caprice, a-t-elle été dépassée, une action en réduction est alors ouverte au profit de certains héritiers, pour ramener dans les limites de la quotité disponible ces libélités exagérées.

Par l'exercice de cette action, les héritiers reprendront subsidiairement entre les mains des tiers les biens que leur auteur n'a pu valablement aliéner. Mais ce n'est pas au moment de la donation qu'il faudra examiner si la quotité disponible a été excédée. Jusqu'à la mort du *de cujus*, ses biens forment une masse flottante, incertaine, susceptible d'augmentations ou de diminutions; les droits de l'héritier d'ailleurs ne commencent qu'à l'ouverture de la succession au moment du décès, et l'action en réduction ne pourra être exercée qu'après la mort du *de cujus*.

SECTION II.

Qui a l'exercice de cette action?

Si les réservataires négligent de demander la réduction, ce

droit appartient à leurs héritiers ou ayant-cause, tel qu'un cessionnaire, un créancier. Quant aux créanciers du *de cujus*, ils ne pourront user de ce droit, ni en profiter, qu'autant qu'ils deviendraient créanciers personnels de l'héritier, par suite d'une acceptation pure et simple de la part de ce dernier.

Que ces créanciers n'aillent pas se plaindre, si, l'héritier acceptant sous bénéfice d'inventaire, des donataires jouissent paisiblement à côté d'eux de biens dus à la munificence de leur propre débiteur. Qu'ils ne disent pas : *nemo liberalis, nisi liberatus;* c'est en vain qu'ils invoqueraient l'art. 2092. Car ou leurs titres sont antérieurs à la donation, et alors ils doivent s'imputer d'avoir été négligents, de n'avoir pas exigé un gage, une hypothèque, une sûreté quelconque, en un mot; ou bien leurs titres sont postérieurs à la donation, et alors ils n'ont pas dû compter, pour se faire payer, sur des biens sortis du patrimoine de leur débiteur. On ne prend pas tacitement pour gages de sa créance des biens qui ont cessé d'appartenir au *de cujus*, lorsqu'on a contracté avec lui.

Inutile d'ajouter que cette action ne saurait compéter, ni aux donataires, ni aux légataires faute d'intérêt.

SECTION III.

Procédés à suivre pour juger s'il y a lieu à réduction.

Afin de déterminer le chiffre de la réserve, il faut connaître son corrélatif, le chiffre de la quotité disponible, puisque la réserve s'élèvera ou baissera selon que cette quotité sera plus ou moins grande. Mais à part le nombre et la qualité des héritiers qui influent sur la réserve, la quotité disponible diminue ou s'élève aussi suivant le plus ou moins de biens laissés par le *de cujus*. Il faut donc composer la masse sur laquelle on doit opérer. On procède ainsi : 1° composition de la masse des biens laissés ; 2° composition de la masse des biens donnés ; 3° addition des deux masses ; 4° déduction des dettes, frais funé- raires, etc. *Non sunt bona, nisi deducto œre alieno ;* 5° enfin, calcul de la réserve sur l'actif net, eu égard au nombre et à la qualité des héritiers réservataires.

Mais lorsqu'il y a excédant du passif sur l'actif, on ne doit plus suivre cette manière de calculer, parce qu'elle conduirait à des résultats injustes en opposition avec l'art. 921, *in fine.* On laissera aux créanciers les biens qui sont leurs gages, et quant aux biens donnés, ils seront réunis pour former une masse sur laquelle on opérera pour déterminer la légitime.

Que l'on ne dise pas que la réunion des biens donnés aux biens laissés ne s'opère que fictivement, sur le papier, et que dès lors les créanciers ne profiteront pas de ces biens : on tomberait alors dans un autre inconvénient, le chiffre de la quotité disponible se trouverait réduit au préjudice des donataires.

SECTION IV.

Dans quel ordre s'exerce l'action en réduction.

La réduction n'atteindra que les libéralités qui ont entamé la réserve. Les libéralités sont des donations entre vifs, des legs, des institutions contractuelles ou des donations entre époux.

Quant aux donations, la réduction s'opérera en commençant par la dernière et en remontant jusqu'à la plus ancienne. Si on trouve un donataire insolvable, qui devra supporter cette insolvabilité ? Les systèmes sur ce point sont nombreux. Nous avons cru devoir adopter l'opinion qui s'appuie sur le texte de la loi, art. 922.

Tous les legs produisant leur effet à la même date, celle de la mort du *de cujus*, ils seront réduits proportionnellement. Le Code s'est écarté de l'ancienne jurisprudence d'après laquelle les légataires particuliers ne devaient être réduits que subsidiairement. Pour appliquer la règle du Code, il faut faire abstraction un instant des héritiers réservataires, et calculer ce qui reviendrait à chaque légataire ; la réduction sera opérée sur l'émolument afférent à chacun d'eux, d'après le chiffre déterminé par la réserve.

Nous assimilerons aux donations les institutions contractuelles, que l'on a définies : *le don irrévocable de tout ou partie de la succession.*

Pour ce qui est des donations entre époux, bien qu'essentiellement révocables, nous ne les réduirons qu'après l'entier épuisement des legs ; car la date de ces donations est antérieure à celle des legs, *prior tempore, potior jure.*

SECTION. V.

Comment se fait la réduction.

En principe la réduction, comme le rapport, doit s'effectuer en nature (art. 826). Elle aura lieu par équipollents :

1° Si l'*usus* des choses données en emporte l'*abusus* ;

2° Si le donataire a aliéné les biens donnés ;

3° Lorsqu'il se trouve dans la succession d'autres biens de même nature que ceux dont le successible réservataire a été gratifié ;

4° Si l'immeuble donné au réservataire n'est pas commodément partageable, et que la fraction à retenir excède la moitié de la valeur de l'immeuble : *major pars ad se trahit minorem*.

SECTION VI.

Effets de la réduction.

Si les donations entre vifs ont absorbé la quotité disponible, tous les legs sont caducs; la quotité disponible, au contraire, n'est-elle pas épuisée complétement, les legs seront maintenus et les dispositions du défunt exécutées jusqu'à concurrence de la réserve.

Quand l'action en réduction atteindra les libéralités entre vifs, il faudra distinguer si les choses données se consomment, ou non, *primo usu* ; dans le premier cas, le donataire est débiteur d'une égale quantité et qualité envers la succession ; dans le second cas, les régles à appliquer diffèrent, selon que l'action sera dirigée contre le donataire lui-même, ou contre un tiers acquéreur. Dans la première hypothèse, les biens sont réputés n'être jamais sortis du patrimoine du *de cujus* : car toute donation est soumise à la condition de ne pas entamer la réserve, et cette condition vient-elle à s'accomplir, son effet est de remettre les choses au même état qu'auparavant (art. 1183).

Mais, en droit, il ne faut pas toujours raisonner comme en algèbre : voilà pourquoi il ne faut pas s'étonner si ce donataire garde les fruits qu'il a perçus jusqu'au décès du donateur, et quant aux fruits perçus depuis, il n'en devra compte que si l'action est intentée dans l'année du décès, autrement ce ne sera qu'à partir du jour de la demande. En matière de rapport, au contraire, les fruits sont toujours dus dès l'ouverture de la succession. Cette différence vient de ce que le successible ne doit pas ignorer qu'il est soumis au rapport, tandis qu'il peut croire raisonnablement qu'il n'y a pas lieu à réduction.

Dans la seconde hypothèse également, si on se laissait aller à une rigueur mathématique, on dirait que celui qui n'a sur une propriété qu'un droit résoluble, ne peut transférer des droits incommutables. *Nemo plus juris ad alium transferre potest, quam ipse habet.* Le tiers acquéreur, inquiété par un réservataire, lui opposera le bénéfice de discussion, ce n'est qu'à défaut des biens personnels chez le donataire, que cet acquéreur devra désintéresser l'héritier (art. 930 et 1166).

N'oublions pas que si les biens sont mobiliers et que le détenteur les ait reçus de bonne foi, l'action du réservataire peut être écartée victorieusement par cette maxime : *en fait de meubles, possession vaut titre* (art. 2279).

SECTION VII.

De la prescription de l'action en réduction.

Il y a encore ici à examiner deux hypothèses très-distinctes : ou les biens sont restés en la possession du donataire, ou ils sont possédés par un tiers.

Dans la première hypothèse le donataire étant obligé personnellement, nous appliquerons la prescription libératoire qui est de trente ans (art. 2262).

Dans la seconde hypothèse, le tiers possesseur n'est pas obligé personnellement, nous appliquerons les régles générales de la prescription acquisitive, dix à vingt ans, ou trente ans, selon les distinctions des art. 2262 et 2265. Le temps ne commencera à courir qu'après l'ouverture de la succession, en vertu de l'adage : *contra volentem non agere non currit prœscriptio.*

PARALLÈLE DU RAPPORT ET DE LA RÉDUCTION.

Pour abréger, nous allons présenter sous forme de tableau synoptique les caractères et les différences de ces deux théories.

	RAPPORT.	RÉDUCTION.
Idée fondamentale.	Intention présumée du *de cujus*.	Volonté impérative de la loi.
But.	Établir l'égalité.	Faire avoir au successible le minimum de son droit héréditaire.
Par quelles personnes peut être intentée l'action?	Par tous les héritiers légitimes.	Seulement par les descendants, même les enfants naturels et par les ascendants.
Contre quelles personnes?	Contre leurs cohéritiers seulement (857-865).	Contre tout donataire et légataire, et subsidiairement contre le tiers acquéreur.
Par une clause préciputaire.	L'héritier est dispensé du rapport.	Jamais de la réduction.
Par sa renonciation.	L'héritier évite le rapport.	On ne peut point se soustraire à la réduction.
On estime.	Les immeubles d'après leur état au moment de l'ouverture de la succession. Les meubles d'après leur état au moment de la donation (860 .	Immeubles et meubles d'après leur état à l'époque de la donation et leur valeur au moment de l'ouverture (922).

	RAPPORT.	RÉDUCTION.
Les fruits sont dus.	Du jour de l'ouverture (856).	Du jour de l'ouverture, si la demande a lieu dans l'année (928).
Aliénation totale.	Toujours maintenue (860).	N'est pas valable, si la fortune personnelle du donataire est insuffisante (930).

Le législateur ayant confondu, dans plusieurs endroits du Code, la réduction et le rapport, il est bon, en terminant, de faire remarquer qu'il y a une différence profonde entre ces deux théories. Là ou le rapport s'effectue, il n'y a pas lieu à réduction, et à l'inverse, là ou la réduction s'opère, il ne saurait être question de rapport. Le rapport ramène dans la succession tous les biens donnés; la réduction n'en fait rentrer qu'un lambeau. Mais comme dans ces deux cas il y a retour de biens, c'est là sans doute la cause de la confusion.

POSITIONS.

I. Les donations déguisées ne sont pas de plein droit dispensées du rapport.

II. Le successible par représentation doit rapporter ce qu'il a reçu personnellement.

III. Les impenses doivent être estimées à l'époque de l'ouverture de la succession et non au temps du partage.

IV. Le rapport des meubles incorporels se fait en moins prenant.

V. L'enfant rapporte aux successions de son père et de sa mère, les sommes qu'ils ont payées pour acquitter les dettes contractées par lui en minorité.

VI. L'enfant qui renonce ne conserve que la quotité disponible.

VII. L'insolvabilité d'un donataire soumis à la réduction est supportée par l'héritier réservataire.

VIII. Pour déterminer la masse des biens donnés, il faut y comprendre même les biens donnés à un réservataire.

Vu par le Président de la thèse,
VUATRIN.